Zeit für mich – Zeit mit Gott

Ingrid Penner / Franz Kogler

Zeit für mich
Zeit mit *Gott*

Mit biblischen Impulsen durch das Jahr

Herausgegeben vom Bibelwerk Linz

Tyrolia-Verlag · Innsbruck-Wien

BIBELWERK
4020 Linz, Kapuzinerstraße 84
0732/7610-3231; Fax:-3239
bibelwerk@dioezese-linz.at
www.bibelwerklinz.at

Mitglied der Verlagsgruppe „engagement"

Bibliografische Information der Deutschen Nationalbibliothek
Die Deutsche Nationalbibliothek verzeichnet diese Publikation in der
Deutschen Nationalbibliografie; detaillierte bibliografische Daten sind im Internet
über http://dnb.d-nb.de abrufbar.

2014
© Verlagsanstalt Tyrolia, Innsbruck
Umschlaggestaltung, Layout und digitale Gestaltung: Tyrolia-Verlag
Unter Verwendung eines Bildes von Karl Thomas / allOver / Bildagentur Waldhäusl
Lithografie: Artilitho, Lavis (I)
Druck und Bindung: Theiss, St. Stefan im Lavanttal
ISBN 978-3-7022-3402-7
E-Mail: buchverlag@tyrolia.at
Internet: www.tyroliaverlag.at

Inhaltsverzeichnis

Vorwort

Liebe Leserin, lieber Leser!

Zeit ist ein sehr kostbares Gut geworden. Mit der steigenden Terminflut hat jedoch auch die Sehnsucht nach spiritueller Tiefe und nach Auszeiten zugenommen. Das vorliegende Buch will sowohl das rare Zeitbudget als auch das Verlangen nach Tiefe und Sinn ernst nehmen – und zu einem Jahresbegleiter werden.

Jeder Monat des Jahres trägt ein bestimmtes Motto, zu dem es vier oder fünf Impulse gibt: Kurze Bibelverse werden durch ein ansprechendes Bild und einen vertiefenden Text ins Heute übersetzt. Sie regen zu einer Zeit des Innehaltens an. Die Impulse sind dabei so gewählt, dass sie durchs Jahr begleiten und vielfältige Aspekte des Lebens zur Sprache bringen. In jedem Fall wollen die Texte aufbauen und spirituell nähren. Die Anregungen können für eine persönliche Auszeit dienen, eignen sich aber auch als Einstiegsimpuls für Gesprächsrunden oder als Vertiefungs- oder Meditationstext für den Gottesdienst. Das Buch ist sicherlich auch ein wertvolles Präsent – vor allem für Menschen, die seelische Nahrung besonders brauchen.

Die einzelnen Texte und Bilder gehen auf die langjährige Mailaktion „aufatmen" des Bibelwerks Linz zurück, bei der in der Advent- und Fastenzeit kostenlos täglich ein biblischer Impuls zugesandt wird. Ein herzliches Danke allen Autorinnen und Autoren, die ihre Texte und Bilder für diesen Band zur Verfügung gestellt haben! Wir freuen uns über Rückmeldungen zu diesem Buch und wünschen eine gesegnete Zeit – eben eine Zeit mit Gott!

Ingrid Penner und Franz Kogler, Bibelwerk Linz

aufatmen

aufatmen geht nur
mit dem rücken
zum sturm

lehn dich
gegen den wind
und bete dich frei
von deiner not

du verrätst
die wahrheit nicht
wenn du
ihre worte
einer prüfung
unterziehst

Wilhelm Bruners

JANUAR

Mit Zuversicht
das Jahr beginnen

Neu-Jahr in Neu-Seh-Land?

Einmal am Tag
nach Neu-Seh-Land aufbrechen
den Lebenshorizont erweitern
in leiblich erspürter Aufrichtigkeit
und der Sehnsucht nach Erlösung
Lebensraum geben.
In die Seh-Schule Jesu gehen
und sich die Augen öffnen lassen
für das Geheimnis und Wunder
das im biblischen Neu-Seh-Land wohnt.

Besuche die Orte der göttlichen Liebe
breite die Summe deines Lebens aus
im heilsamen Licht Gottes
lege dein Ohr an den Herzschlag Jesu.
Spüre im Auf und Ab deines Lebens
den versöhnenden Atem
des Heiligen Geistes.

Neu-Seh-Land
ein unerhörter Neujahrsbeginn
vorgesehen von unserem Weggefährten
Jesus dem Christus
dem uns zugewandten Angesicht Gottes
Neu-Jahr in Neu-Seh-Land!

Hans Eidenberger

JANUAR

>> Befiehl dem Herrn
deinen Weg und vertrau ihm;
er wird es fügen. <<
Ps 37,5

Wie die Magier

Wie die Magier
die Zeichen der Zeit erkennen
offen sein für Neues
den Schritt in eine ungewisse Zukunft wagen
geleitet von einer Verheißung.

Wie die Magier
im Unscheinbaren Gott begegnen
vor einem Kind die Knie beugen
sich ganz Gott schenken
neue Dimensionen erfahren.

Wie die Magier
einen anderen Weg im Alltag gehen
das Herz offen halten
sich verwandeln lassen
neu werden – in und mit Gott.

Reinhard Schandl

JANUAR

>> Als sie den Stern sahen,
wurden sie von sehr großer
Freude erfüllt.
Sie gingen in das Haus und
sahen das Kind und Maria,
seine Mutter;
da fielen sie nieder
und huldigten ihm ...
Weil ihnen aber im Traum
geboten wurde,
nicht zu Herodes zurückzukehren,
zogen sie auf einem anderen
Weg heim in ihr Land. <<
Mt 2,10–12

Gottes Wort ...

Gottes Wort – Himmelswort
Gottes Wort – Menschenwort
himmlische Botschaft in geerdeten Worten
gekeimt und eingewurzelt in der Welt
Nahrung für die Menschen
wirkmächtig in Raum und Zeit
doch überfließend und ewig

Gottes Wort – Himmelswort
Gottes Wort – Menschenwort
Fleisch geworden in Jesus
Wort Gottes als Evangelium
Botschaft mit Vollmacht
wirkmächtig in Wort und Tat
hautnah erfahrbar

Gottes Wort – geschenkt für alle Zeit
Himmelserfahrung im Erdenkleid

Ingrid Penner

JANUAR

>> Denn wie der Regen
und der Schnee vom Himmel fällt
und nicht dorthin zurückkehrt,
sondern die Erde tränkt und sie
zum Keimen und Sprossen bringt ...
so ist es auch mit dem Wort,
das meinen Mund verlässt:
Es kehrt nicht leer zu mir zurück,
sondern bewirkt, was ich will,
und erreicht all das,
wozu ich es ausgesandt habe. <<

Jes 55,10–11

mit Adam und Eva
   das Leben wagen
mit Mose
   Verantwortung übernehmen
mit Elija
   sich dem Burnout stellen
mit Amos
   soziale Gerechtigkeit einfordern
mit Jona
   eine zweite Chance bekommen
mit Maria
   Gipfelgespräche führen
mit Jesus
   Lasten tragen
mit Maria und Marta
   beten und arbeiten
mit Petrus
   nochmals beginnen
mit Lydia
   Gastfreundschaft pflegen
mit Paulus
   Grenzen überschreiten

Franz Troyer

JANUAR

>> Und ihr werdet
meine Zeugen sein
in Jerusalem
und in ganz Judäa
und Samarien
und bis an die Grenzen
der Erde. <<
Apg 1,8

FEBRUAR

In Gott
geborgen sein

Geborgen

Unter seinem Schutz

leben

in seiner Liebe

wachsen

durch seine Gnade

verzeihen

sich selbst

anderen

im Vertrauen

stark sein

unendlich sanft geborgen

zu unserem Besten

immer

wie ein Vater

wie eine Mutter

zu ihren Kindern

Armin Haiderer

FEBRUAR

>> Fürchte dich nicht, denn ich habe dich ausgelöst, ich habe dich beim Namen gerufen, du gehörst mir. Wenn du durchs Wasser schreitest, bin ich bei dir, wenn durch Ströme, dann reißen sie dich nicht fort. Wenn du durchs Feuer gehst, wirst du nicht versengt, keine Flamme wird dich verbrennen. Denn ich, der Herr, bin dein Gott. <<

Jes 43,1–3

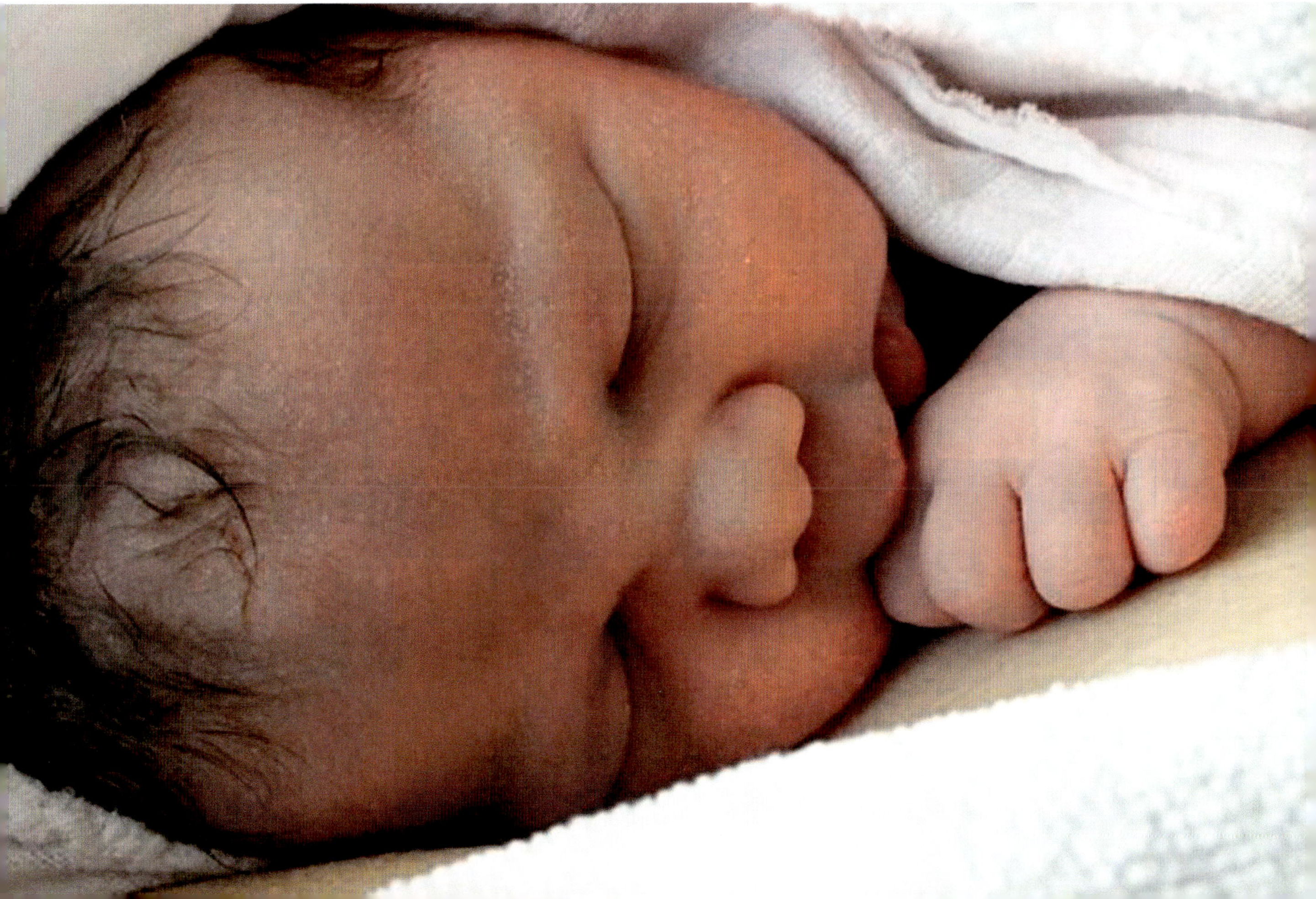

seelenruhig

beim erwachen schon
der kopf gefüllt
die zeit verplant
atemlos und gedankenschwer
von adrenalin durchflutet

    mein joch ist leicht
    ich verschaffe dir ruhe

meine seele schreit nach dir
dem augenblick raum geben
gottes geist tief einatmen
am lebensquell verweilen
gott in jeder zelle spüren

den tag beginnen
mit verändertem blickwinkel
einem ruhigen herzen
und langem atem

Ingrid Penner

FEBRUAR

>> Kommt alle zu mir, die ihr euch plagt und schwere Lasten zu tragen habt.
Ich werde euch Ruhe verschaffen. Nehmt mein Joch auf euch und lernt von mir;
denn ich bin gütig und von Herzen demütig; so werdet ihr Ruhe finden für eure Seele. <<

Mt 11,28–29

Gott verbündet sich

Gott verbündet sich

mit Noach
   im Zeichen des Regenbogens
mit Abraham
   im Zeichen der Sterne am Himmel
mit Mose und dem Volk Israel
   im Geschenk der Weisung
mit den Propheten
   im Zeichen des neuen Herzens
mit allen Menschen durch Jesus
   in den Zeichen von Brot und Wein.

Gott schließt einen Bund.
Gott steht in Treue zu diesem Bund –
für immer.

Franz Troyer

FEBRUAR

» Der Bund, den ich bei eurem Auszug aus Ägypten
mit euch geschlossen habe, bleibt bestehen
und mein Geist bleibt in eurer Mitte. Fürchtet euch nicht! «

Hag 2,5

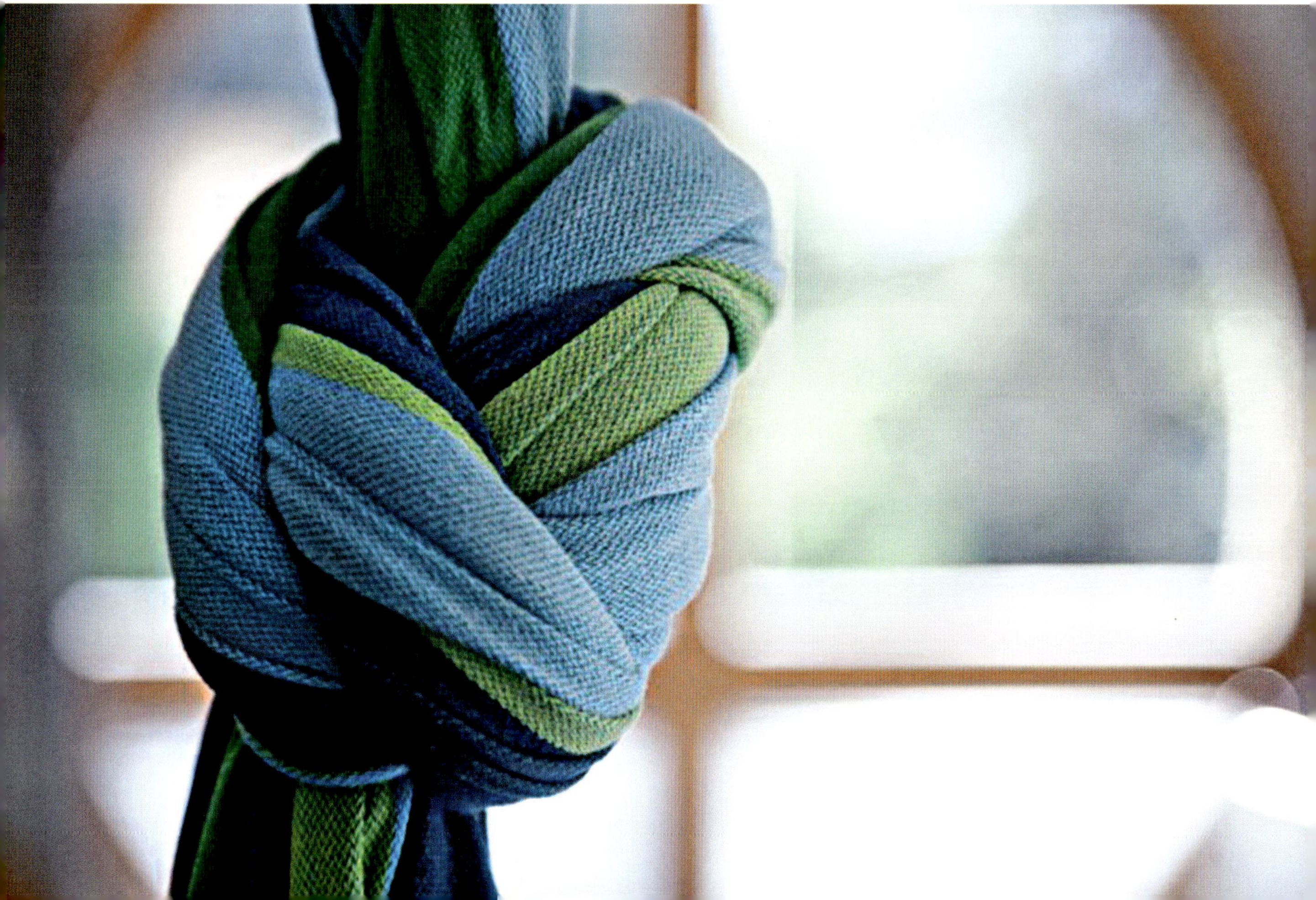

Wenn wir Gott Raum geben

Wenn wir Gott Raum geben
schlagen Herzen einen anderen Takt
heilen Trostworte unsere Wunden
werden unsere blinden Flecken erhellt
und unsere Dunkelheit erleuchtet.

Wenn wir Gott Raum geben
werden unsere Ketten gesprengt
beginnen die müden Füße zu tanzen
löst die Zunge sich zum Jubel
und Heilsworte dringen in taube Ohren.

Wenn wir Gott Raum geben
schmelzen Eisberge zu Quellen
beginnen unsere Wüsten zu blühen
werden Steine zu Brot
und Frieden ist mehr als eine Vision.

Wenn wir Gott Raum geben
erfüllt der Himmel die Erde.

Ingrid Penner

FEBRUAR

>> Dann werden die Augen der Blinden geöffnet,
auch die Ohren der Tauben sind wieder offen.
Dann springt der Lahme wie ein Hirsch, die Zunge des Stummen jauchzt auf.
In der Wüste brechen Quellen hervor und Bäche fließen in der Steppe. <<

Jes 35,5–6

MÄRZ

Durch

Wüstenzeiten

gehen

Handlungsbedarf

Fastenzeit – eine Zeit mit *Hand*lungsbedarf
vom einsamen Leben – von der Hand in den Mund
zum gemeinsamen Leben – Hand in Hand

Fastenzeit – eine Zeit mit *Hand*lungsbedarf
als Mensch nicht bloß verwaltet
sondern wieder be*hand*elt werden

Fastenzeit – eine Zeit mit *Hand*lungsbedarf
Hände finden im Gebet zueinander
und meine Hand legt sich in Gottes Hand

Fastenzeit – eine Zeit mit *Hand*lungsbedarf
das Leben entfalten auf der Vertrauensbrücke
ausgespannt zwischen Gottes*hand*
und Menschen*hand*

Fastenzeit – eine Zeit mit *Hand*lungsbedarf
Gottes mütterliche Hand erspüren
die mich in allem trägt

Hans Eidenberger

MÄRZ

 Denn ich bin der Herr, dein Gott,
der deine rechte Hand ergreift und der zu dir sagt:
Fürchte dich nicht, ich werde dir helfen.

Jes 41,13

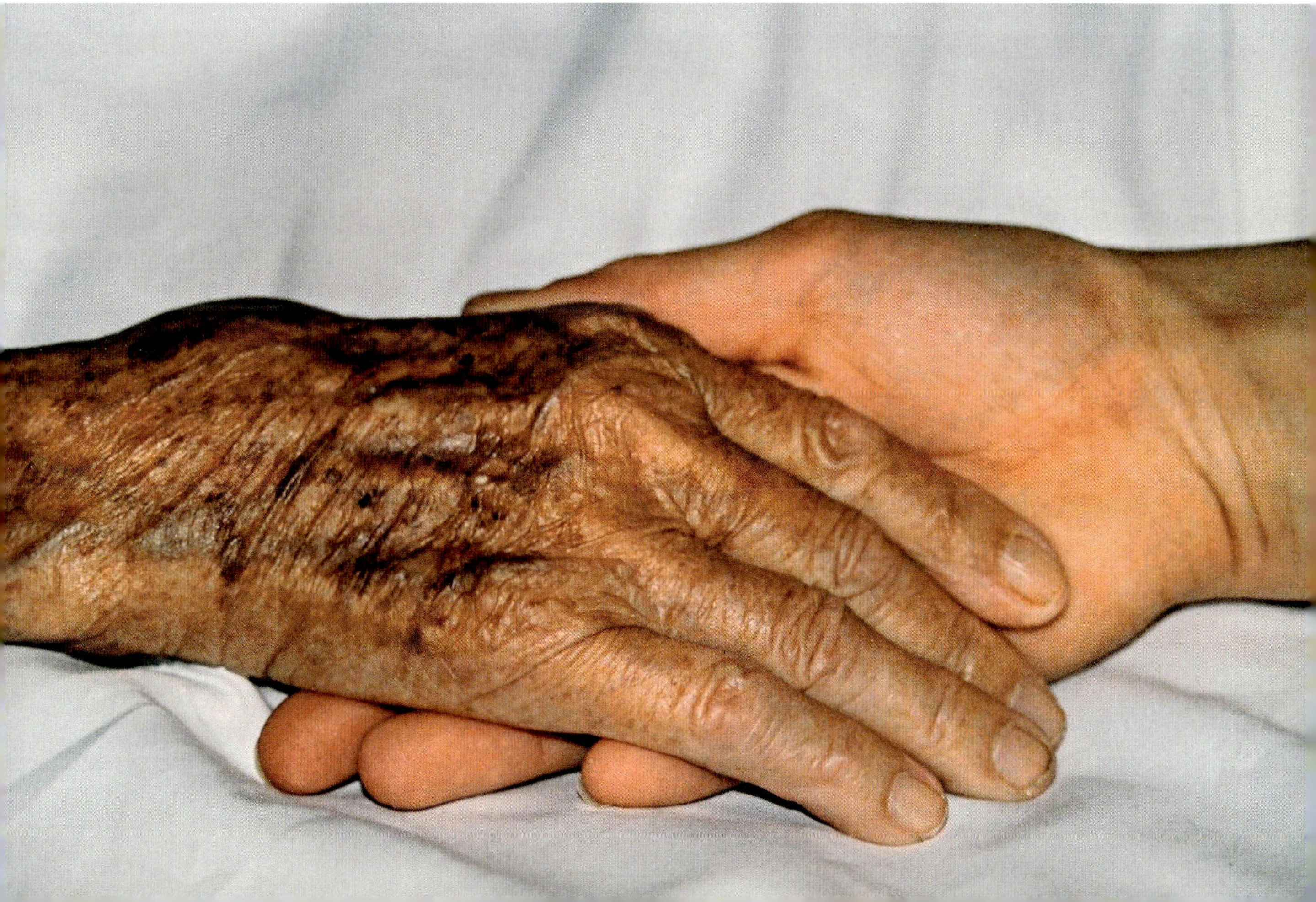

Immer wieder

Wärme, Nähe, Sonne und Licht
galt es zu genießen,
und dann wieder
Kälte, Frost und Finsternis.

Immer wieder.

Aber – ich habe mich entwickelt
zaghafte Schritte, auch Rückschritte.

Immer wieder.

Dann wieder vorwärts voll Tatendrang
mit Kraft, Glaube und Hoffnung,
erfüllte Schritte
mit Weitblick, Ausblick und Tiefe.

Immer wieder
Schritte ins Leben.

Immer wieder
Rückschritte in die Dunkelheit.

Aber es darf sein –
alles braucht Zeit und Raum.

Christine Gruber-Reichinger

MÄRZ

 Ich erschaffe das Licht und mache das Dunkel,
ich bewirke das Heil und erschaffe das Unheil.
Ich bin der Herr, der das alles vollbringt.

Jes 45,7

Bin ich es etwa?

ich kann nichts dafür
der andere trägt die Schuld
die andere ist dafür verantwortlich
ich wasche meine Hände in Unschuld
ich würde so etwas nie machen

    Bin ich es etwa?

eine Frage in Betroffenheit
keine Selbstgerechtigkeit –
Wissen um die eigenen Schwächen
Kennen der menschlichen Grenzen
mit eigenem Versagen rechnen

    Bin ich es etwa?

achtsam werden
innehalten und fragen
mich selber einschätzen lernen
meine Möglichkeiten erkennen
und meine Verantwortung annehmen
im Wissen um das Erbarmen Gottes

Ingrid Penner

MÄRZ

Und während sie aßen, sprach Jesus:
Amen, ich sage euch: Einer von euch wird mich verraten und ausliefern.
Da waren sie sehr betroffen und einer nach dem andern fragte ihn:
Bin ich es etwa, Herr?
Mt 26,21–22

Leben schmecken

Brot in der Schale
Wein im Kelch.

Zwei Lebenszeichen legen sich
in eine Geste der Offenheit
und laden ein zur Begegnung.

Abend-Mahl – ein Tag neigt sich
ein Kelch wird bis zur Neige geleert
das Leben Jesu neigt sich
und wird zur tiefsten Zu-Neigung Gottes.

In der Brot-Gestalt die sich mit-teilt
kommt Gott im Menschen zutiefst an
nährt mit Freundschaft das Herz
und stärkt in der Berührung den Fuß.

Wer davon kostet
schmeckt das Leben
jenseits des Todes.

Hans Eidenberger

MÄRZ

>> Denn ich habe vom Herrn empfangen, was ich euch dann überliefert habe:
Jesus, der Herr, nahm in der Nacht, in der er ausgeliefert wurde, Brot,
sprach das Dankgebet, brach das Brot und sagte:
Das ist mein Leib für euch. Tut dies zu meinem Gedächtnis! <<

1 Kor 11,23–24

es gibt Situationen
die lassen verstummen
zu groß der Schmerz
zu tief die Wunden
unaussprechlich
keine Worte dafür

das blühende Leben
zur Wüste geworden
vertrocknet
keine Tränen

das Innere
zum Grabstein geworden
tonnenschwer
sprachloses Denkmal

löse meine Zunge
öffne meine Kehle zum Schrei

Mein Gott mein Gott
warum hast du mich verlassen?

Ingrid Penner

MÄRZ

Mein Gott, mein Gott, warum hast du mich verlassen,
bist fern meinem Schreien, den Worten meiner Klage?

Ps 22,2

APRIL

Aufstand
des Lebens

Tod-sicher?

Seit Ostern ist etwas anders geworden.

Es ist kein Verlass mehr darauf,
dass das Leben mit dem Tod wirklich aus ist.

Es ist kein Verlass mehr darauf,
dass es besser wäre,
ohne Auferstehungshoffnung zu leben.

Seit Ostern hat sich eine neuartige Hoffnung
in die Gedankengänge der Herzen eingeschlichen.

Seit Ostern muss der Tod mit dem Leben rechnen!

Hans Eidenberger

APRIL

Auferstehung

Wir glauben
Auferstehung von den Toten
jenseits des Lebens

Ich glaube
Auferstehung im Leben
diesseits des Todes

Auferstehung wird begreiflich
aus der Blickrichtung Grab
Dunkelheit, Ausweglosigkeit
vor mir der Stein
der mich vom Leben trennt

Auferstehung ist
wenn ich den Stein bewege
mit dem Mut der Verzweiflung
mit der Ahnung und Sehnsucht nach Licht
irgendwo
Dann wandelt sich mir die dunkle Nacht der Seele
in die Möglichkeit eines neuen Tages

Hier und jetzt und immer
Auferstehung diesseits des Todes
jenseits des Lebens
so glaube ich

Eva Eichinger

APRIL

>> Jesus erwiderte ihr: Ich bin die Auferstehung und das Leben.
Wer an mich glaubt, wird leben, auch wenn er stirbt, und jeder,
der lebt und an mich glaubt, wird auf ewig nicht sterben. Glaubst du das?
Marta antwortete ihm: Ja, Herr, ich glaube, dass du der Messias bist,
der Sohn Gottes, der in die Welt kommen soll. <<
Joh 11,25–27

Aus dem Dunkel ins Licht

aus der Trauer zur Freude
aus der Verzweiflung zur Hoffnung
aus dem Tod zum Leben

langsam aber stetig
bricht das Leben durch
besiegt das Licht die Dunkelheit
das Dunkel der Nacht
die Finsternis der Seele
zerreißt den Schleier des Zweifels
wird immer mehr zur Freude

bis Hoffnung und Gewissheit siegen
die Schatten des Todes sich lösen
und der Jubel den Morgen bestimmt

Ingrid Penner

APRIL

>> Da gingen ihnen die Augen auf und sie erkannten ihn;
dann sahen sie ihn nicht mehr.
Und sie sagten zueinander: Brannte uns nicht das Herz in der Brust,
als er unterwegs mit uns redete und uns den Sinn der Schrift erschloss?

Lk 24,31–32

Brücke

ausgespannt
zwischen himmel und erde
hast du uns eine brücke gebaut
die sogar den tiefsten graben überwindet

in freiheit
hast du uns den ungangbaren weg geebnet
uns mit hinein erlöst
in den tiefen frieden
der immer war
und immer bleiben wird
weil du die welt bist
und der himmel

und mittendrin
ich mensch
bin deine größte liebe
als wäre ich dein einzigstes

Magdalena Froschauer-Schwarz

APRIL

» Denn Gott hat die Welt so sehr geliebt, dass er seinen einzigen Sohn hingab, damit jeder, der an ihn glaubt, nicht zugrunde geht, sondern das ewige Leben hat. Denn Gott hat seinen Sohn nicht in die Welt gesandt, damit er die Welt richtet, sondern damit die Welt durch ihn gerettet wird. «

Joh 3,16–17

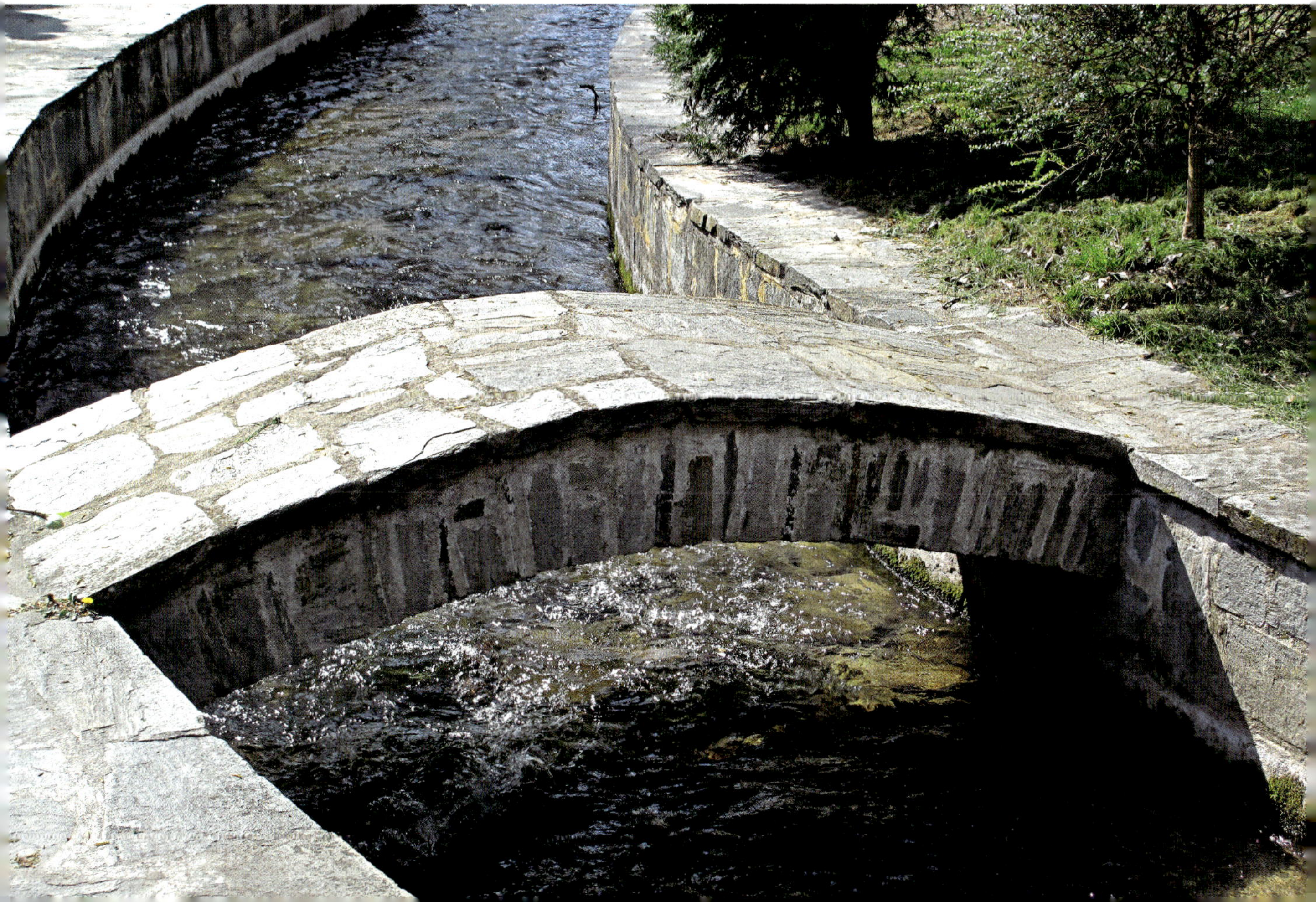

MAI

Verheißungen

trauen

Alternative?

Begegnung zwischen Maria und einem Engel:
Verkündigung – Erwählung für eine große Aufgabe ...

Marias Antwort: Nein, ich tue das nicht.

Maria hat gute Gründe:
Ich bin noch zu jung.
Ich kann das einfach nicht.
Am Ende läuft der Bub noch davon.
Womöglich geht er Wege, die ich nicht verstehe.
Und übrigens: Mein Mann, Josef, will das nicht.
Geh doch zu meiner Nachbarin und frag dort.

So zieht der Engel immer noch von einer Tür zur nächsten
und wird weitergeschickt ...

Dagegen – unsere Frohe Botschaft:
Maria sagte JA.

Franz Troyer

>> Da sagte der Engel zu ihr:
Fürchte dich nicht, Maria;
denn du hast bei Gott
Gnade gefunden.
Du wirst ein Kind empfangen,
einen Sohn wirst du gebären:
dem sollst du den Namen Jesus
(Gott rettet) geben. <<

Lk 1,30–31

Gottes Magd

Maria sagt JA zu ihrer Berufung
nicht fraglos
keine unkritische Ja-Sagerin

Wie soll das geschehen?

abwägen und erwägen
sich einlassen auf Gottes Wege
bei unbekanntem Ziel

Maria vertraut ihrer Erwählung

Ich bin die Magd des Herrn.

nicht eines Mannes Magd
Gottes Magd
zu Großem berufen
trotz irdischer Geburt
eine Frau aus dem Volk
Partnerin auf dem Erlösungsweg Gottes

Mir geschehe, wie du es gesagt hast.

ein geerdetes JA
mit himmlischen Folgen

Ingrid Penner

 **MAI**

 Da sagte Maria:
Ich bin die Magd des Herrn; mir geschehe, wie du es gesagt hast.
Lk 1,38

Was versprichst du mir, Gott?
Der Bund mit dir,
was heißt das?
Ich versteh dich manchmal nicht.
Ich weiß nicht,
wo ich dich finden kann.
Bitte mach dich bemerkbar!

Du willst immer an meiner Seite sein?
Du bist bei mir alle Tage?
Woher kommen meine Zweifel?

Du wirst mir Gott sein.
Das fühlt sich gut an –
zwar irgendwie unfassbar,
aber beruhigend.

Sylvia Zellinger

MAI

» Denn das wird der Bund sein, den ich nach diesen Tagen mit dem Haus Israel schließe –
Spruch des Herrn: Ich lege mein Gesetz in sie hinein und schreibe es auf ihr Herz.
Ich werde ihr Gott sein und sie werden mein Volk sein. «

Jer 31,33

Gottesverwurzelung

Ich trete ein
in den Wurzelgrund
des Vertrauens. Ich verdanke
mein Dasein dem göttlichen
Ursprung. Mein Leben entfaltet
sich unter himmlischer Weite.
Im gütigen Angesicht
Gottes
darf ich
aufblühen.
In mir
wächst
mit Christus
das Leben dem Himmel entgegen.

Hans Eidenberger

MAI

Ich aber, Herr,
ich vertraue dir,
ich sage:
„Du bist mein Gott."
Ps 31,15

JUNI

Sich
begeistern
lassen

Brennen – ohne auszubrennen

Elija – ein feuriger Prophet
er betete am Karmel mit Macht
Feuer vom Himmel herab
dann erlosch sein Feuer
er war ausgebrannt.

Gott begegnet ihm am Horeb
nicht im Feuer der Macht
sondern im leisen Säuseln
der brennende Dornbusch des Mose
brennt weiter.

Heute bei Gott Feuer holen
sich an seiner Liebe entzünden
Feuer weitergeben
nicht alte Asche hüten.

Franz Troyer

JUNI

>> Nach dem Beben kam ein Feuer. Doch der Herr war nicht im Feuer.
Nach dem Feuer kam ein sanftes, leises Säuseln.
Als Elija es hörte, hüllte er sein Gesicht in den Mantel,
trat hinaus und stellte sich an den Eingang der Höhle. <<
1 Kön 19,12–13

Berufung zum Christsein

von dir aufgerichtet
aufrecht und aufrichtig leben

von dir geehrt
ehrlich und ehrfürchtig sein

von dir erhört
Hören und Gehorsam wagen

von dir befreit
frei und freimütig handeln

von dir geliebt
leben lieben loben

Ralf Huning

JUNI

>> Mit großer Kraft
legten die Apostel Zeugnis ab
von der Auferstehung Jesu,
des Herrn,
und reiche Gnade
ruhte auf ihnen allen. <<

Apg 4,33

Erheb deine Stimme

Die Stimme erheben
laut werden
nicht aus Ärger oder Wut
sondern aus Freude
die eigene Gewissheit
in Worte kleiden
sie für andere hörbar machen
stammelnd zuerst vielleicht
und unsicher noch

   Fürchte dich nicht!

Zusage von Gottes Dasein
nicht schweigen
reden ist angesagt
aus voller Kehle
mit ganzer Kraft
Plädoyer für unseren Gott
mit unserem Gott

Ingrid Penner

JUNI

 Wir können unmöglich schweigen über das,
was wir gesehen und gehört haben.
Apg 4,20

Ich bin da

halt ein
du stehst auf heiligem Boden
zieh deine Schuhe aus

du stehst auf heiligem Boden
und ich bin der
Ich-bin-da

ich geb dir alles
was du brauchst

ich bin der Lebendige
der dir Lust verschafft
ich bin der Zärtliche
der dich mit kosenden Armen umfängt
ich rufe dich heraus
ich brauche dich

zieh deine Schuhe aus
spür den tragenden Boden
unter deinen Füßen
und vertrau der Kraft

ich bin da

Magdalena Froschauer-Schwarz

JUNI

Da antwortete Gott dem Mose: Ich bin der „Ich-bin-da".
Und er fuhr fort: So sollst du zu den Israeliten sagen:
Der „Ich-bin-da" hat mich zu euch gesandt.

Ex 3,14

gottes weisung
   steht vor uns
   sie steht

sie umsteht uns
   steht in uns herein

auch wenn wir weghören
wenn wir unser herz wegtragen
als hätte es nie gehört

   sie steht

das ist ihr erbarmen
dass sie zu uns steht

Wilhelm Bruners

JUNI

 Herr, dein Wort bleibt auf ewig, es steht fest wie der Himmel.
Deine Treue währt von Geschlecht zu Geschlecht;
du hast die Erde gegründet, sie bleibt bestehen.

Ps 119,89–90

JULI

Den Himmel spüren

So weit der Himmel ist

du
lässt mich lachen
inmitten der schweren Tränen

du schenkst mir deine Nähe
inmitten der Wirrnis

du stärkst mir den Rücken
wenn mich der Mut verlässt

du zeigst mir meine liebenswerten Seiten
wenn ich mich einfach nur mehr unfähig fühle

du pflanzt einen Hoffnungsbaum
in mir
und die Freude
verschafft sich kräftig Raum

du
Gott
bist mein Leben
bist meine Liebe

für dich will ich tanzen
und du verschaffst meinen Träumen Raum
so weit
der Himmel ist

Magdalena Froschauer-Schwarz

» Da hast du mein Klagen in Tanzen verwandelt,
hast mir das Trauergewand ausgezogen und mich mit Freude umgürtet.
Darum singt dir mein Herz und will nicht verstummen. «
Ps 30,12–13

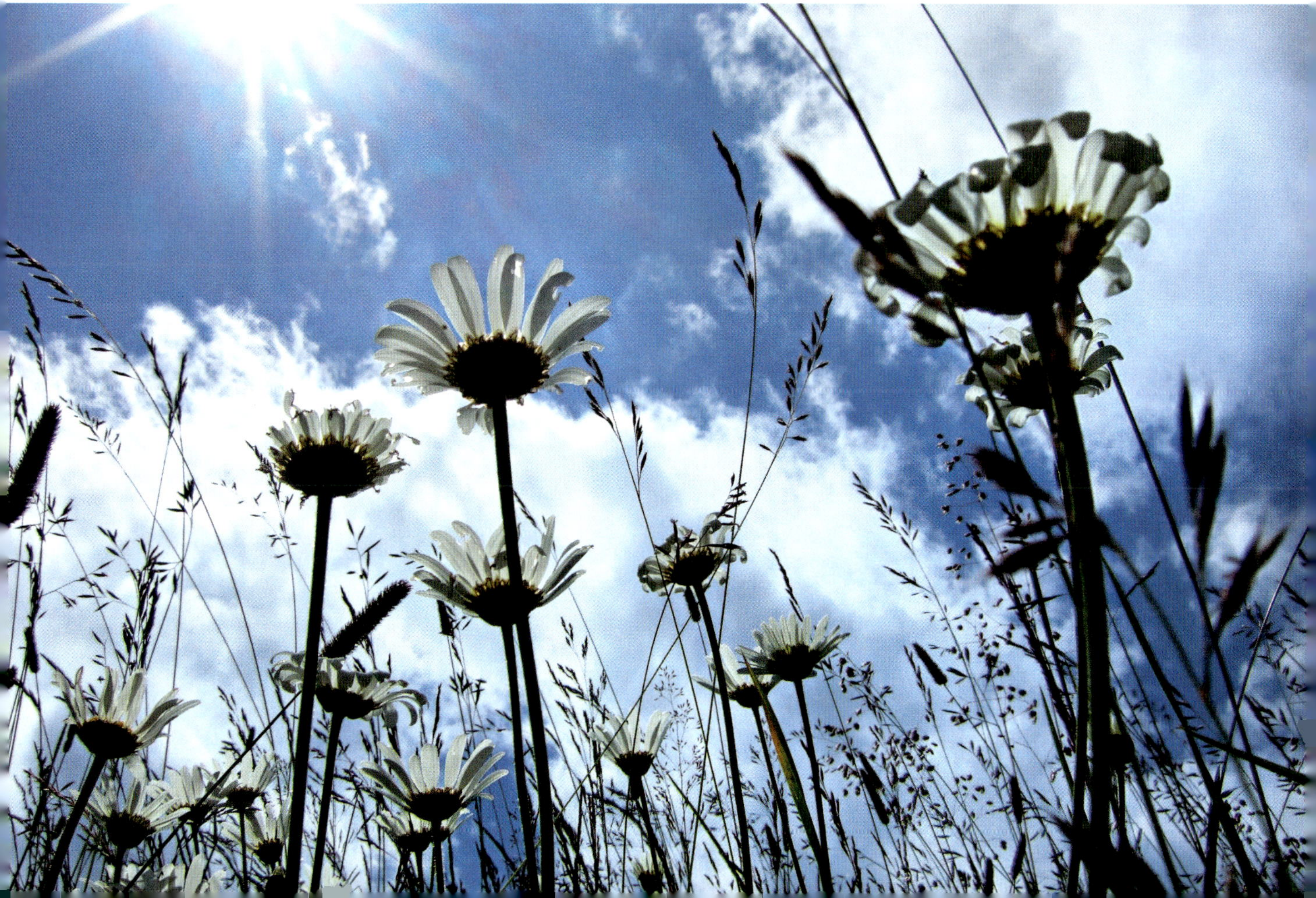

Manchmal öffnet sich der Himmel

Manchmal öffnet sich auch mir
der Himmel
auf meinem Werde-Weg
in meiner Berufung
Abbild Gottes zu sein.

Ich sehe das Licht am Horizont
sonne mich in Gottes Wärme
berge mich in seiner Nähe
und gehe vertrauensvoll weiter.

Ich spüre das lebendige Wasser in mir
erfrische mich an der Quelle
lösche meinen Durst
und gehe gestärkt weiter.

Ich erfahre Gottes Zusage
   du bist meine geliebte Tochter
   du bist mein geliebter Sohn
   an dir habe ich Wohlgefallen
und gehe gesegnet weiter.

Ingrid Penner

JULI

>> Und als er *(Jesus)* aus dem Wasser stieg, sah er,
dass der Himmel sich öffnete und der Geist wie eine Taube auf ihn herabkam.
Und eine Stimme aus dem Himmel sprach:
Du bist mein geliebter Sohn, an dir habe ich Gefallen gefunden.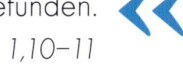
Mk 1,10–11

Heil und Erlösung

Erlöser
mein Erlöser
dein Erlöser
unser Erlöser

erlöst
von Krankheit
von einer belastenden Situation
von Ängsten und Sorgen

gelöst
für neue Schritte
für neue Begegnungen
für die Zukunft

Heiland
heile
schenke Heil

Franz Troyer

JULI

>> Jesus aber sagte zu der Frau: Meine Tochter, dein Glaube hat dir geholfen.
Geh in Frieden! Du sollst von deinem Leiden geheilt sein.

Mk 5,34

Geerdeter Himmel

trotzdem
der Erde treu bleiben
sich nicht im siebten Himmel verkriechen
sich nicht vorzeitig absetzen wollen
ins Jenseits auf Kosten der Diesseitigen
nicht Karriereleitern ins Himmlische erklettern wollen

dennoch
zum Himmel schauen
ihn über uns und bei uns sehen
als Wirklichkeit in dieser Welt

dennoch
das Paradies auf Erden erwarten
das Himmlische auskosten und vermehren
dem Reich Gottes die Türen öffnen
und hoffen
das Jenseits lässt schon jetzt Leitern herunter

Irene Unterkofler

JULI

>> Jakob nahm einen
von den Steinen dieses Ortes,
legte ihn unter seinen Kopf
und schlief dort ein.
Da hatte er einen Traum:
Er sah eine Treppe,
die auf der Erde stand
und bis zum Himmel reichte.
Auf ihr stiegen Engel
Gottes auf und nieder. <<
Gen 28,11–12

AUGUST

Unterwegs sein

Bleibe bei uns

Du Gott des Lebens,
geh mit uns jene Wege,
die vor uns liegen.

Mache uns Mut,
wenn uns die Angst befällt.
Richte uns auf,
wenn wir gestolpert sind.

Zeige uns Auswege,
wo Hürden uns den Weg verstellen.
Schenke uns Geborgenheit,
wenn Nacht uns umgibt!

Sei du uns das Licht,
das unseren Weg erleuchtet,
und bleibe bei uns
mit deinem Segen.

Ingrid Penner

AUGUST

 An dem Tag, da ich mich fürchten muss, setze ich auf dich mein Vertrauen.
Ich preise Gottes Wort. Ich vertraue auf Gott und fürchte mich nicht.
Was können Menschen mir antun?

Ps 56,4–5

Gott – du bist Mensch geworden.

Du hast dich für uns klein gemacht
und dennoch bist du groß.

Du hast uns in Jesus einen Weg des Lebens gezeigt
einen Weg der Wahrheit
einen Weg der Liebe
einen Weg des Vertrauens
einen Weg der Hoffnung
einen Weg des Glaubens
einen Weg der Rettung
einen Weg der Erlösung.

Es ist ein Weg
den ich frohen Mutes
und mit Freude gehen darf.

Du stärkst und ermutigst mich dazu
du machst mich sicher und kraftvoll
du gibst mir neuen Antrieb
und stellst mir ein Ziel vor Augen.

Christine Gruber-Reichinger

AUGUST

»Jesus sagte zu Thomas:
Ich bin der Weg und die Wahrheit und das Leben;
niemand kommt zum Vater außer durch mich.«

Joh 14,6

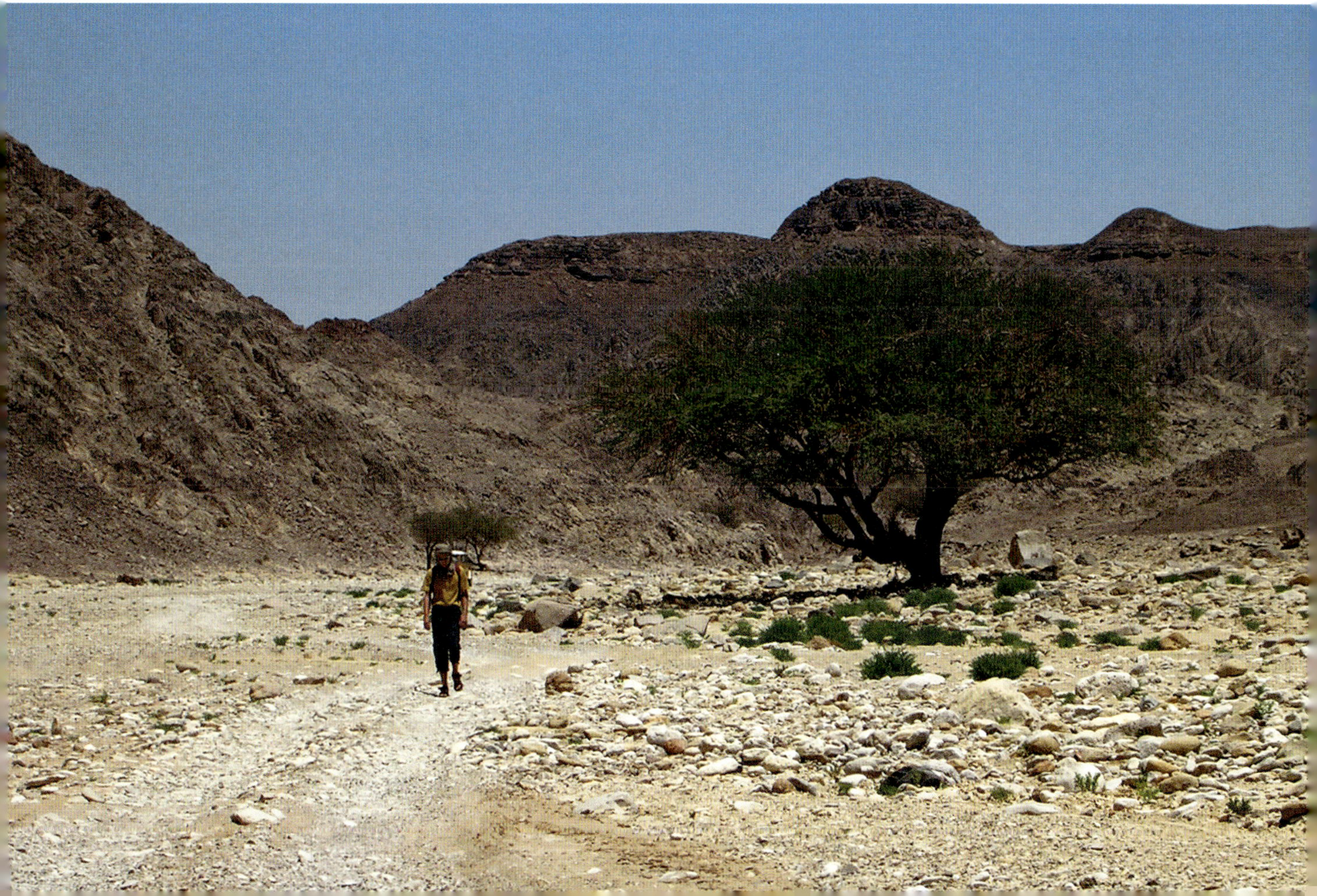

Glaube und Gewissheit

In mir
ein Gefühl.
Intuition?
Gewissen?
Gott?

Dass ich es spüre,
ist ein Geschenk,
dass ich ihm vertraue,
ist Glaube
an ein Geführtsein,
an meinen Weg
und daran,
dass alles zur rechten Zeit geschieht.
Immer!

Bis es still wird
und der Glaube
zur Gewissheit wird.

Sandra Haiderer

AUGUST

>> Der Herr sprach zu Abram: Zieh weg aus deinem Land,
von deiner Verwandtschaft und aus deinem Vaterhaus in das Land,
das ich dir zeigen werde. Ich werde dich zu einem großen Volk machen,
dich segnen und deinen Namen groß machen. Ein Segen sollst du sein.

Gen 12,1–2

Herausforderung

Eigene Wege gehen
   den Konventionen nicht entsprechen
   auf Menschen im Out zugehen
   mit ihnen verkehren.

Das bleibt nicht ohne Folgen
   gesellschaftlich anecken
   in Frage gestellt werden
   dem eigenen Ruf schaden
   selber ins Out kommen.

Eine große Herausforderung –
   zu groß?

Einer hat sie angenommen –
   kompromisslos
   allen Ansehen verliehen.

Und der lädt ein:
Folge mir nach!

Ingrid Penner

AUGUST

>> Alle Zöllner und Sünder kamen zu Jesus, um ihn zu hören.
Die Pharisäer und die Schriftgelehrten empörten sich darüber und sagten:
Er gibt sich mit Sündern ab und isst sogar mit ihnen. <<
Lk 15,1–2

SEPTEMBER

In
Dankbarkeit
ernten

die natur ist
der größte lieferant
unserer inneren bilder

ohne sie wären
unsere hoffnungen
längst ausgetrocknet

zu jeder jahreszeit
schenkt sie uns
in aller ruhe visionen
des vergehens
und wachsens

es gibt keine
menschliche erfahrung
für die sie uns nicht
ihre sprache leiht

nur das göttliche
bleibt auch bei ihr
in lauter stille

Wilhelm Bruners

SEPTEMBER

 Und was sorgt ihr euch um eure Kleidung?
Lernt von den Lilien, die auf dem Feld wachsen:
Sie arbeiten nicht und spinnen nicht.
Doch ich sage euch:
Selbst Salomo war in all seiner Pracht nicht gekleidet wie eine von ihnen.
Mt 6,28–29

Brot

Brot ist lebensnotwendig
Brot ist all das, was uns am Leben hält
Brot ist die Liebe, die wir einander schenken
Brot ist die Zeit, die wir uns füreinander nehmen
Brot ist die Freude, die wir miteinander teilen
Brot ist die Träne, die wir gemeinsam weinen
Brot ist das Lachen, das ansteckt
Brot ist ein Blick, der mich liebevoll trifft
Brot ist ein Wort, das mich ermutigt
Brot ist eine Hand, die mich sanft berührt
Brot ist der Trost, der mir zugesprochen wird
Brot ist die Umarmung, die mir gut tut
Brot ist der Sonnenstrahl, der meinen Rücken wärmt
Brot ist ein Lied, das mein Ohr erfreut
Brot ist ein Gebet, das tief aus meinem Herzen kommt
Brot ist die Ruhe, die ich genieße
Brot ist die Stille, die mich zu mir selber führt
Brot ist die Gemeinschaft, die ich erlebe
Brot bist du, Gott, für mich
Brot bist du, Gott, für uns

Christine Gruber-Reichinger

SEPTEMBER

>> Jesus antwortete ihnen: Ich bin das Brot des Lebens;
wer zu mir kommt, wird nie mehr hungern,
und wer an mich glaubt, wird nie mehr Durst haben.

Joh 6,35

Finden

manchmal
wächst auch
im dunkelsten
Jammertal
eine kleine Blume

vielleicht
blüht sie dort
nur für dich

und der einzige Grund
warum dich deine Schritte
durch diesen elenden Talboden
durchführen
ist der

dass du sie
findest

Magdalena Froschauer-Schwarz

SEPTEMBER

 Denkt nicht mehr an das, was früher war;
auf das, was vergangen ist, sollt ihr nicht achten.
Seht her, nun mache ich etwas Neues.
Schon kommt es zum Vorschein, merkt ihr es nicht?

Jes 43,18–19

Reich Gottes:
Was müssen wir dafür tun?
Mehr Aktivitäten?
Mehr Gottesdienste?
Mehr Gebetszeiten?
Mehr karitative Dienste?
Mehr Mission betreiben?

Aber wie und wer?
Anfragen und Sorgen
Bedenken und Strukturüberlegungen.

Jesu Gleichnisse sagen:
aussäen
verschwenderisch
ohne große strategische Überlegungen
den Boden sein lassen
nicht den Ertrag vorher berechnen
wahrnehmen
was da vielfach aufgeht.

Reich Gottes –
mitten unter uns.

Ingrid Penner

SEPTEMBER

Mit dem Reich Gottes ist es so,
wie wenn ein Mann
Samen auf seinen Acker sät;
dann schläft er
und steht wieder auf,
es wird Nacht und wird Tag,
der Samen keimt und wächst
und der Mann weiß nicht, wie.
Die Erde bringt von selbst ihre Frucht.

Mk 4,26–28

Zu viel und zu wenig

Sie hatten zu viel
die Leute von Nazaret.
   Zu viel an Wissen
   wer der andere ist
   zu viel an Erfahrung
   was man voneinander erwarten kann
   zu viel Verstand
   den ach so gesunden.

Darum konnte Er dort kein Wunder tun.
Darum wunderte Er sich sehr –
verwundert über so viel Besitz.

Euch sende ich einfach so
sagte Er zu seinen Jüngern
nur ihr selbst mit leeren Händen.
   Auch kein Proviant? Nicht nötig!
   Auch kein Geld? Auf keinen Fall!
   Kein zweites Hemd
   keine Reiseversicherung
   keinen Notfallplan.

Geht einfach so.
Mein Segen ist mit euch.
Meine Kraft wird euch genügen.

Ralf Huning

SEPTEMBER

» Er gab ihnen die Vollmacht, die unreinen Geister auszutreiben, und er gebot ihnen, außer einem Wanderstab nichts auf den Weg mitzunehmen, kein Brot, keine Vorratstasche, kein Geld im Gürtel, kein zweites Hemd und an den Füßen nur Sandalen. «

Mk 6,7–9

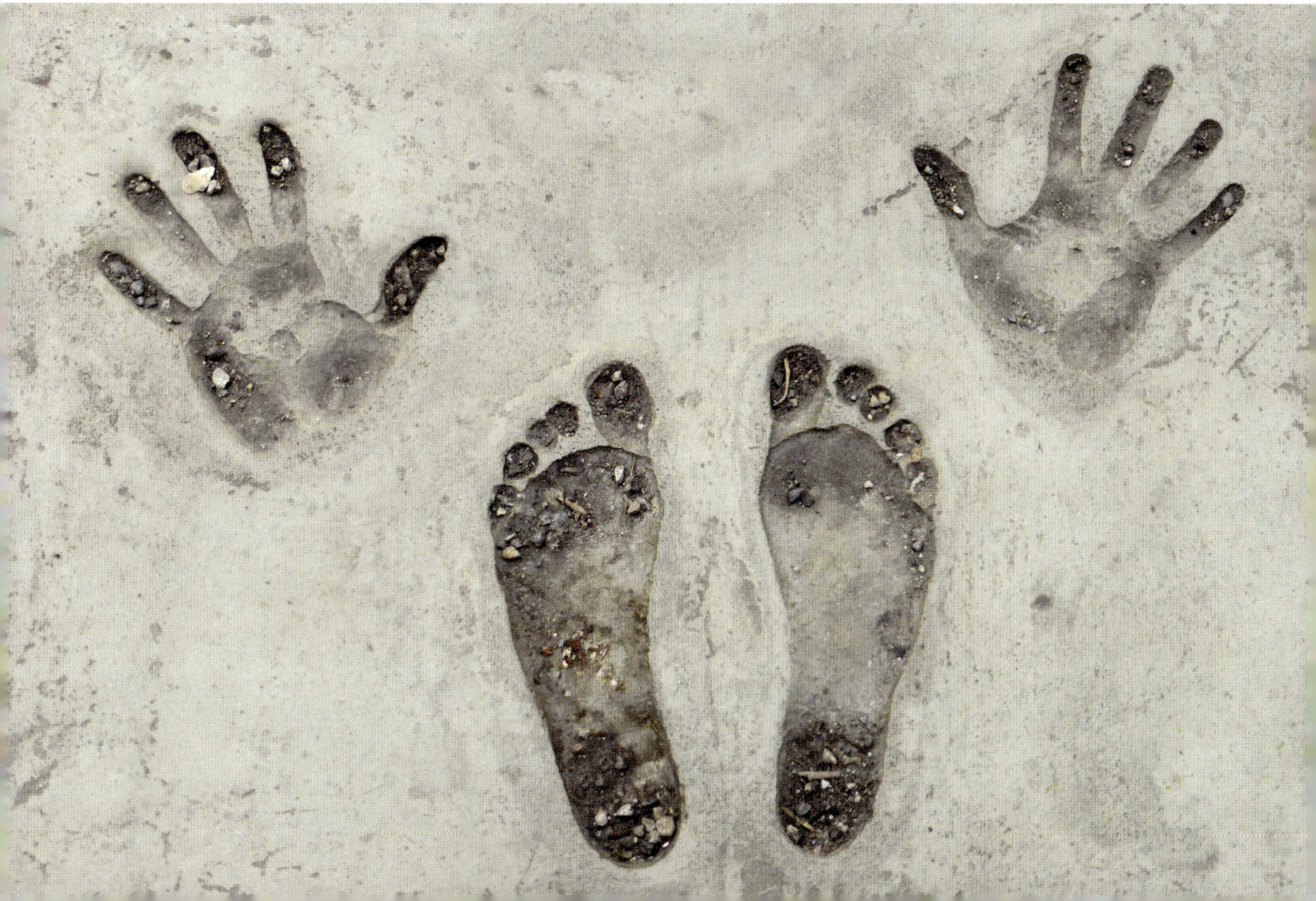

OKTOBER

Die Lebensvielfalt

annehmen

Es ging eigentlich recht gut!
Sie gingen mit IHM.
ER ging mit ihnen.
Dann gingen ihnen viele Fragen durch den Kopf.
Wie wird es wohl ausgehen?

Die Rechnung ging nicht auf.
ER ging zugrunde.

Es ging gar nichts mehr.

Es ging nur noch von den Füßen her.
Wie soll es jetzt weitergehen?

Im Pilgerschritt der Zuversicht
ging ER ihnen zu Herzen.
Sie spürten: Dem müssen wir nachgehen!

Dann gingen ihnen die Augen auf.

Zwei Herzenspilger gehen nun im Rhythmus
der Auferstehungsschritte Jesu
den Weg aus dem Tod.

Leben geht auch anders.
Leben geht auch jenseits des Todes.
Leben geht!

Hans Eidenberger

OKTOBER

>> Noch in derselben Stunde
brachen sie auf
und kehrten nach Jerusalem zurück
und sie fanden die Elf
und die anderen Jünger versammelt.
Diese sagten:
Der Herr ist wirklich auferstanden
und ist dem Simon erschienen. <<

Lk 24,33–34

Ich habe Würde, weil ich viel leiste.
Ich bin jemand, weil ich viel besitze.
Ich bin anerkannt, weil ich viel kann.
Ich bin wichtig, weil ich eine große Aufgabe habe.
Ich bin wertvoll.

Ich habe keine Würde, weil ich wenig leiste.
Ich bin niemand, weil ich wenig besitze.
Ich bin nicht anerkannt, weil ich wenig kann.
Ich bin nicht wichtig, weil ich keine große Aufgabe habe.
Ich bin wertlos.

Die Logik unseres Gottes ist anders:
Du bist unendlich wertvoll, weil ich dich geschaffen habe.
Ich kenne dich – auch mit deinen Grenzen.
Ich bleibe dir treu – auch mit deinen Fehlern.
Ich bin mit dir – auch wenn du vor dir wegläufst.
Ich suche dich – stets von neuem.
Du bist mein geliebtes Kind – immer.

Franz Troyer

OKTOBER

 Kann denn eine Frau ihr Kindlein vergessen, eine Mutter ihren leiblichen Sohn?
Und selbst wenn sie ihn vergessen würde: ich vergesse dich nicht.

Jes 49,15

Einheit
nicht Uniformität und Langeweile
eine Hoffnung
statt Dogmen und Vorschriften
ein Glaube
nicht einheitliche Verordnungen oder Einerlei
ein Leib
bedingungslos und ohne Ausschluss
ein Geist
statt Hierarchie und Engstirnigkeit
ein Herr
statt Würdenträger und Eminenzen

ein Gott
über allem
durch alles
und in allem

Ingrid Penner

OKTOBER

>> *Ein* Leib und *ein* Geist,
wie euch durch eure Berufung
auch *eine* gemeinsame
Hoffnung gegeben ist;
ein Herr, *ein* Glaube, *eine* Taufe,
ein Gott und Vater aller,
der über allem und durch alles
und in allem ist. <<
Eph 4,4–6

Ich darf versuchen
die Knoten in meinem Leben
zu entwirren
aber ich muss nicht –
es ist Brachzeit.

Ich darf hinsehen
auf Geglücktes und Verdrehtes
aber ich muss nicht –
es ist Brachzeit.

Ich darf mich bemühen
um einen feinfühligeren Umgang
um eine differenziertere Wahrnehmung
um die Achtung meiner Grenzen
aber ich muss nicht –
es ist Brachzeit.

Ich könnte einfach einmal
bei mir bleiben
Knoten, Geglücktes und Verdrehtes liebhaben
und
mein Leben nehmen
wie es ist.

Magdalena Froschauer-Schwarz

OKTOBER

>> Jesus richtete sich auf und sagte zu ihr: Frau, wo sind sie geblieben?
Hat dich keiner verurteilt? Sie antwortete: Keiner, Herr.
Da sagte Jesus zu ihr: Auch ich verurteile dich nicht.
Geh und sündige von jetzt an nicht mehr!

Joh 8,10–11

NOVEMBER

Der
Verwandlung
trauen

Ur-Laub

Manchmal ist der Mensch nur bittere Existenz,
Ufer-Gestalt am Toten Meer.

Doch Gott will den Menschen lösen
aus der Starre des Todes.

Heil fließt hervor aus Gottes Heiligtum
und durchdringt das versalzene Leben.

So wendet Gott das Blatt.

Horch auf das Gleichnis des Baumes:
Er blättert um zwischen Herbst und Frühling.

Lass auch du am Baum deines Lebens
ein neues Heilsblatt der Gesundung sprossen.

Sein Laub bringt dich auf die Spur des „Ur-Laubs".
(Warum sollte Gott nicht auch „Blatt-Deutsch" sprechen?)

Verwurzle dich am Paradiesstrom
und erfahre dich als österliche Ufer-Gestalt
am heiligen Gottesstrom.

Hans Eidenberger

NOVEMBER

>> An beiden Ufern des Flusses wachsen alle Arten von Obstbäumen.
Ihr Laub wird nicht welken, und sie werden nie ohne Frucht sein.
Jeden Monat tragen sie frische Früchte;
denn das Wasser des Flusses kommt aus dem Heiligtum.
Die Früchte werden als Speise und die Blätter als Heilmittel dienen. <<

Ez 47,12

Wandlung

ich und Du
ich
durch Dich
gestärkt
göttliches Du
in mir
erahnen
spüren wie
Du
in mir
wirkst
erleben
wie ich
durch Dich
mich wandle
wachse
lebendig
selbst werde
wirke
durch Dich

Renate Hinterberger-Leidinger

NOVEMBER

 Ich bin der Weinstock, ihr seid die Reben.
Wer in mir bleibt und in wem ich bleibe, der bringt reiche Frucht;
denn getrennt von mir könnt ihr nichts vollbringen.

Joh 15,5

Frauen haben in der Kirche zu schweigen
Wiederverheiratung schließt von der Eucharistie aus
Zölibat ist für Priester verpflichtend.

Das war schon immer so –
ein erschlagendes Argument.

ABER: wirklich immer?

Frauen waren die ersten Osterzeuginnen
Frauen waren im frühen Christentum Verkünderinnen
Jesus hält mit allen Menschen Mahl
Jesus geht auf die Gescheiterten zu
Petrus hatte eine Schwiegermutter
Bischöfe sollten nur einmal verheiratet sein.

Jesus – berufen zu den verlorenen Schafen Israels
schon immer – das auserwählte Israel
eine Heidin stimmt zu und sagt
Ja, ABER ...

Jesu Antwort
Was du willst, soll geschehen.

Ingrid Penner

>> Da entgegnete die Frau:
Ja, du hast recht, Herr!
Aber selbst die Hunde
bekommen von den Brotresten,
die vom Tisch ihrer Herren fallen.
Darauf antwortete ihr Jesus:
Frau, dein Glaube ist groß.
Was du willst, soll geschehen. <<
Mt 15,27–28

zweite chance

jona
du bist mir sympathisch
ich verstehe
dass du angst vor dem auftrag gottes hast
und fliehen willst

doch gottes arm ist länger
du bekommst eine zweite chance
sollen die leute in ninive
auch eine zweite chance bekommen?

du bist dagegen
gott ist dafür
gott ist sym-pathisch
mit-leidend

Franz Troyer

NOVEMBER

» Darauf sagte der Herr *(zu Jona)*: Dir ist es leid um den Rizinusstrauch, für den du nicht gearbeitet und den du nicht großgezogen hast. Über Nacht war er da, über Nacht ist er eingegangen. Mir aber sollte es nicht leid sein um Ninive, die große Stadt, in der mehr als hundertzwanzigtausend Menschen leben. «

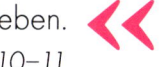

Jona 4,10–11

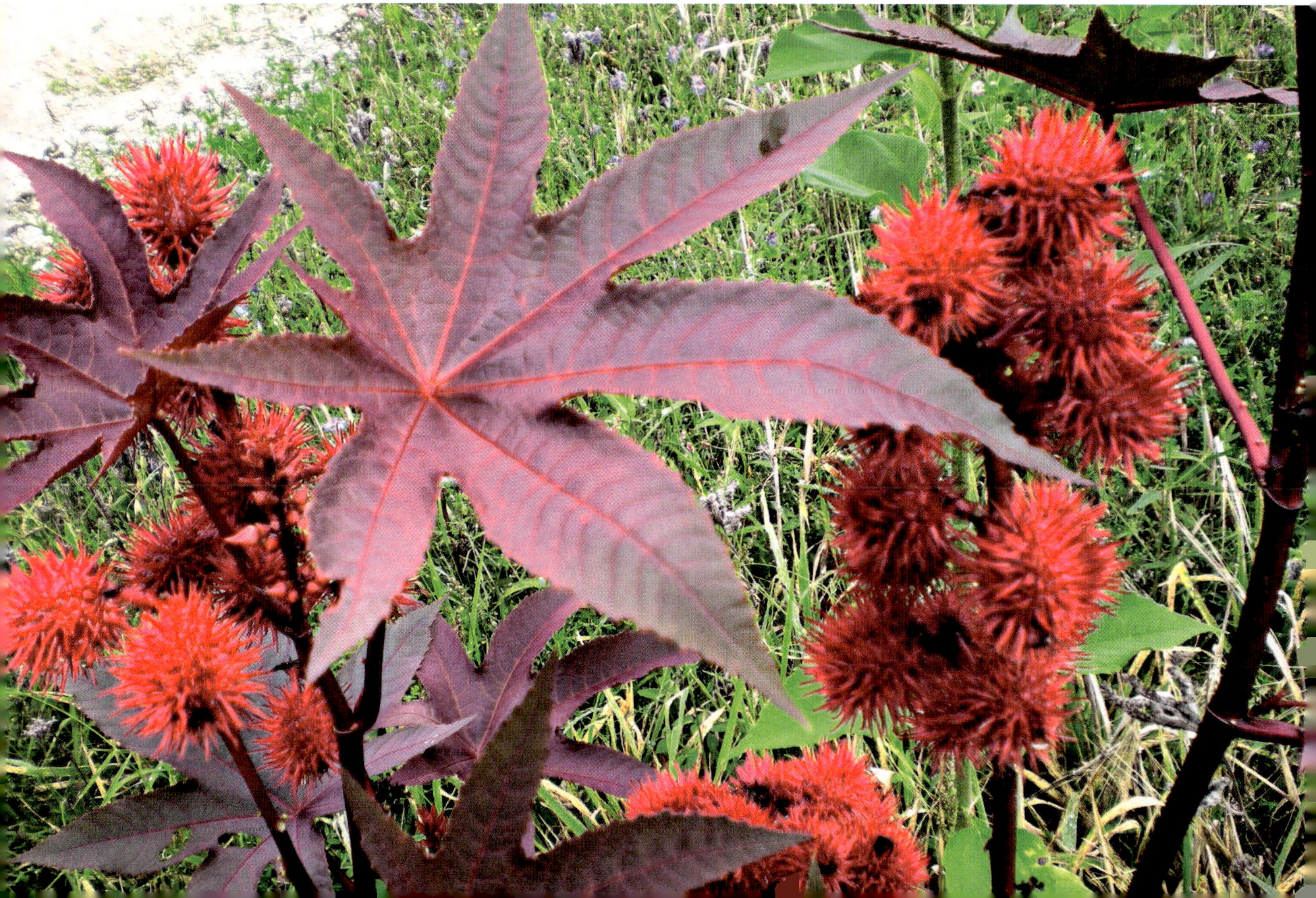

DEZEMBER

In Erwartung leben

Johannes

einer der ausrichtet
nicht den Nachbarn
sondern die Botschaft Gottes

der mich ausrichtet
in eine jesuanische Gebetsrichtung
durch die Taufe der Gottesberührung

Zerbrochenes richtet sich heilsam ein
und Gebeugtes richtet sich befreiend auf

das Herz spürt den weiten Horizont Gottes
und sagt zum verunsicherten Verstand

Du hattest doch recht
die Erde
durch Himmelsrichtungen zu beschreiben

Hans Eidenberger

DEZEMBER

In jenen Tagen trat Johannes der Täufer auf
und verkündete in der Wüste von Judäa:
Kehrt um! Denn das Himmelreich ist nahe!

Mt 3,1–2

wir entdecken euch wieder
ihr Mütter im Stammbaum Jesu
Tamar, Rahab, Rut,
die Frau des Urija – Batseba

wenig bekannt eure Geschichten
eure Namen in Vergessenheit geraten

und doch
Wurzeln am Stammbaum Jesu
erwähnenswerte Wachstumsträgerinnen
in prominenter Geschlechterfolge

wir verkünden euch neu
erzählen eure Geschichten
lassen uns von euch inspirieren
trauen eurer Tatkraft

und treiben eure Zweige
an Bäumen des Lebens
mit Blättern der Heilung
und Früchten der Erkenntnis

Ingrid Penner

DEZEMBER

>> Juda war der Vater von Perez und Serach; ihre Mutter war Tamar ...
Salmon war der Vater von Boas; dessen Mutter war Rahab.
Boas war der Vater von Obed; dessen Mutter war Rut ...
David war der Vater von Salomo, dessen Mutter die Frau des Urija war. <<

Mt 1,3–6

Hanna

am Rande des Weihnachtsfestes
eine betagte Frau
Hanna
eine Prophetin

7 Jahre verheiratet
dann verwitwet
von Gott ergriffen
lebt sie für IHN

12 mal 7 Jahre alt –
erfüllt ist die Zeit
gereift für
die Begegnung ihres Lebens
sie erblickt Jesus
ihr Leben lang
gewartet auf diesen Moment
jetzt
Zeit Gott zu preisen
Zeit zu verkünden

Hanna weiß
dieses Kind
hält in seinen wehrlosen Händen
auch ihre eigene Zukunft

Reinhard Schandl

DEZEMBER

>> In diesem Augenblick nun
trat sie *(Hanna)* hinzu,
pries Gott und sprach
über das Kind *(Jesus)* zu allen,
die auf die Erlösung Jerusalems
warteten. <<
Lk 2,38

gottes leuchtspur
unauslöschlich

könige können sie
nicht lesen
und weisen
stockt der atem

einem kind
hat sie sich
eingebrannt

einem jüdischen

das trägt gottes
lichtnamen

trägt unsere
dunkelheiten

Wilhelm Bruners

DEZEMBER

>> Denn uns ist ein Kind geboren, ein Sohn ist uns geschenkt.
Die Herrschaft liegt auf seiner Schulter; man nennt ihn: Wunderbarer Ratgeber,
Starker Gott, Vater in Ewigkeit, Fürst des Friedens.

Jes 9,5

Heute
kommt Gott mich besuchen.
Gott sucht mich
und ich lasse mich finden
wie ich bin und nicht bin.

Heute
strahlt auf
dieses unfassbare Licht
das auch meine Finsternis erhellt
und mich zum Staunen bringt
über Gottes Größe
so klein in der Krippe.

Es weist mir
den Weg zum Frieden.
Ich wage ihn zu begehen
denn wenn Gott
mich
besucht und sucht
bin ich

erleuchtet
begleitet
gesegnet
in dieser Heiligen Nacht.

Petra Maria Burger

DEZEMBER

 Heute ist euch in der Stadt Davids der Retter geboren;
er ist der Messias, der Herr.

Lk 2,11

Gesegnete Zeit

Gottes Segen möge dich begleiten

auf all deinen Wegen
den angenehmen
und den steinigen

in all deinen Stunden
in den Zeiten der Freude
und deinen Dunkelheiten

in all deinen Begegnungen
den erfreulichen
und den herausfordernden
und in den einsamen Stunden

Gottes Segen möge dich begleiten
damit du gesegnet
Segen sein kannst

Ingrid Penner

Bibelstellenregister

Stichwortregister

AutorInnen

Wilhelm Bruners, *1940, Dr. theol., ist Priester im Bistum Aachen, lebt in Mönchengladbach mit dem Auftrag geistlicher Begleitung. Als Verfasser geistlicher Lyrik und biblischer Artikel wurde er mit dem Buch „Wie Jesus glauben lernte" bekannt.

Petra Maria Burger, *1971, ist selbständige Zeremonienleiterin, Begleiterin bei Lebensübergängen, erfahrene Seminarleiterin und Referentin; www.petra-maria-burger.com.

Eva Eichinger, *1958, Dr.in der Soziologie, ist Leiterin und Sozialarbeiterin in einer Wohnungslosen-einrichtung in Steyr; Buchautorin, improvisierende Bild-, Text- und Lebenskünstlerin.

P. Hans Eidenberger, *1960, Mag. theol., ist seit 1981 im Orden der Marianisten und seit 2008 hat er die Leitung der österreichisch-deutschen Region; Meditations- und Exerzitienleiter; leiden-schaftlicher Bibelgärtner im Bibelgarten Greisinghof.

Magdalena Froschauer-Schwarz, *1970, ist gelernte Sozialpädagogin; ehrenamtliche pfarrliche Mitarbeiterin; ordnet gerne schreibend ihre Gedanken.

Christine Gruber-Reichinger, *1982, Mag.ª theol., ist Pastoralassistentin und Religionslehrerin, in der Erwachsenenbildung tätig; Mitarbeiterin im Bibelteam Linz.

Armin Haiderer, *1980, Mag. theol., Historiker und Kampfkunstlehrer; seit 2008 Präsident der Katholischen Aktion St. Pölten.

Sandra Haiderer, *1979, ist Lektorin für Deutsch als Fremdsprache; Hobbyautorin.

Renate Hinterberger-Leidinger, *1976, Magª. phil., ist Mitarbeiterin im Bibelwerk Linz, studiert Kath. Religionspädagogik und ist ausgebildete Bibliolog-Leiterin.

Ralf Huning, *1967, Dr. phil., Dipl. theol., ist Steyler Missionar, Bibelwissenschaftler; Ausbildungen in Bibliolog und als geistlicher Begleiter; derzeit Provinzial der Steyler Missionare in Deutschland.

Reinhard Schandl, *1966, Dipl.-Ing., Mag. theol., ist Augustinerchorherr des Stiftes Klosterneuburg sowie Dechant und Pfarrer in Klosterneuburg.

Franz Troyer, *1965, Dr. theol., ist Pfarrer und Leiter der Bibelpastoral der Diözese Innsbruck. Er hat Erfahrung mit zahlreichen Bibelrunden und -seminaren. Einige seiner Texte sind aus seinem bei Tyrolia erschienenen Buch „Ihren Spuren folgen".

Irene Unterkofler, *1964, Mag.ª theol., ist theologische Mitarbeiterin im Seelsorgeamt der Erzdiözese Salzburg.

Sylvia Zellinger, *1959, ist pädagogische Mitarbeiterin im Kath. Bildungswerk Linz.

HerausgeberIn

Ingrid Penner, * 1960, ist seit 2003 Referentin im Bibelwerk Linz; seit 20 Jahren biblische Erwachse-nenbildung; Teilstudium der Theologie, Ausbildungen in Bibliolog, Bibliodrama und Sakralem Tanz; Initiatorin und Redakteurin der Mailaktion „aufatmen"; Autorin verschiedener Publikationen.

Franz Kogler, * 1958, Dr. theol., leitet seit 1991 das Bibelwerk Linz, wo er mit einem engagierten Team biblische Fernkurse, die Wanderausstellung „Expedition Bibel", zahlreiche bibelpastorale Arbeitshilfen und Herders neues Bibellexikon herausgegeben hat.

Beide freuen sich über Rückmeldungen unter bibelwerk@dioezese-linz.at.
Anmeldungen zur Mailaktion „aufatmen" in der Advent- und Fastenzeit werden gerne unter www.bibelwerklinz.at angenommen.

144

Bildnachweis

Gabriele Bumberger: 62/63, 81, 116/117
Franz Burger: 74/75
Eva Eichinger: 47
Hans Eidenberger: 17, 29, 87, 103, 133
Isabella Haider: 19
Hans Hauer: 15, 71, 89
Renate Hinterberger-Leidinger: 135
Eva Irndorfer: 23

Albin Kern: 10/11
Engelbert Krammer: 30/31, 84/85, 91, 93
Ingrid Penner: 8, 13, 20/21, 25, 37, 39, 41–45, 49, 51–61, 65, 69, 73, 79, 83, 94/95, 99, 101, 105, 106/107, 111–115, 119–131, 138
Franz Troyer: 67
Sr. Mirjam Volgger: 27, 33, 35, 77, 109, 137
Robert Walkner: 97